# 봄의 건축가

송연숙 시집

## 시인의 말

좌회전해야 할 곳에서
우회전을 해버렸습니다
벼랑 끝에 도착해서야 유턴을 했습니다
겨우 따라잡은 짐을 혹은 마음을
안심하고 천도리에 풀어 놓습니다
이곳은 하늘이 내린 착한 아이들이 사는 마을입니다

'마음 이사'라는 시 일부로 인사를 대신합니다

감사의 계절
허리 깊이 숙인 이삭이 되어

2023년 가을
송 연 숙

# 차 례

## 제2부

제3부

## 제4부

# 제1부

# 우주나무

그 나무에선 고양이 울음소리가 난다

고양이의 부드러운 시절을 품기나 했다는 듯
하늘로 가뿐하게 뛰어오르는 나무

바람이 손을 내저을 때마다
솔방울 하나 툭
장난감처럼 발아래 물어다 놓고
얼굴을 빤히 쳐다본다
선물이거나, 놀아달라는 압력이거나

가지에서 가지를 뻗으며
한 단계씩 뛰어오르기 좋아하는 나무는
고양이의 눈동자 같은 나이테를 가졌으리라
밝은 곳에서 가늘어지는 눈동자가 나무의 첫 나이테
어두울수록 눈을 크게 뜨고
비바람 맞았으리라

고양이 우주를 묻은 나무 아래 서서

골골송을 듣는다
펴 놓은 키보드 위에, 책 위에, 무릎 위에
이불 속 겨드랑이를 파고들며
나이테를 넓혀가던 우주

잠시 머무르기만 했을 뿐인데
고양이 털 같은 솔잎이 옷 곳곳에 묻어
따라오고 있다

# 시간의 귀

시간을 거꾸로 세워놓고 땀을 닦는다
쉬지 않고 흘러내리는 한증막
시간은 좁은 통로를 빠져나와 모래 무덤으로 쌓인다

시계 안의 시간과 시계 밖의 시간이
몇 톤의 모래로 쌓여 나를 만들었을까
모래시계를 가볍게 들어 올려
거꾸로 툭 던져 놓으면 시간은 다시 봄이다

시계 밖의 봄을 시계 안으로 끌고 들어가
둥지 틀지 못하는 뻐꾸기
매시간, 얼굴 내밀고 그리 울지 말거라
겨울이 왔으니 봄도 오겠지
뻐꾸기 소리를 오려 내는 계절의 동산에도
언젠가 꽃 필 날 있겠지

토끼처럼 뛰어가는 시간의 귀를 잡기 위해
고양이처럼 파고드는 시간의 목덜미를 붙잡기 위해
한 땀 한 땀 수 놓듯이

허둥지둥 널 뛰듯이
한 방향으로만 돌아가는 아집의 초침들
시간의 앞머리가 흘러내리지 않게
시간의 허리춤이 흐트러지지 않게
나를 조여 매었다

팽팽하게 태엽을 조인 시간의 활시위
꼬리를 털며 막무가내 날아가지만
과녁은 빗방울의 중심처럼 쉽게 사라지기도 하였다

시간은 허술함이라곤 찾아볼 수 없는 난공불락의 성이다
두 귀를 내어놓거라
목덜미를 길게 내어놓거라
시계 밖의 시간은
냇물처럼 찰랑거리는 야유를 퍼부으며
한 줄, 말줄임표로 흘러간다

# 정인

간밤에 내린 눈이 녹기 시작했다
순백의 살 위에 몽고반점 같은 멍이 드러난다

분홍색 토끼 인형의 귀를 물고 있는 아가의 얼굴엔
화르르 눈꽃이 쏟아질 것 같은 웃음
오늘같이 눈 쌓인 날에는
강아지처럼 뛰어다니며 눈사람도 만들고
빨간 목도리도 둘러줘야 할 텐데

세상의 어미 마음은 다 한가지라서
이를 어쩌나, 이를 어쩌나
— 췌장 절단 등 복부 손상
상상할 수 없는 사인死因을 남기고
내리자마자 녹아버린 눈꽃송이

16개월 아가의 복부를 어른 주먹이 내리칠 때
유모차가 엘리베이터 벽에 부딪혀 어린 몸이 튕겨 오를 때
차 안에 갇혀 숨이 막혀올 때
갈비뼈가 부러지고 췌장이 찢어질 때

몽골의 초원은 반점이 되어 번져나갔다

바들바들 떨리는 눈동자
옷자락 끝을 손끝으로 비비며 속으로 불러보았을 엄마

생각하면 자꾸 눈앞이 흐려와
하던 일을 멈추고 창밖을 바라본다
미안하다 미안하다
세상의 말들이 다 부질없어서
나비처럼 나풀나풀 날리는 눈발이 다
정인 같아서

## 냇강마을

태양은 실핏줄이 다 터진 끝에
붉은 알들을 산란해 놓았다
아침이면 제일 먼저 해가 뜨는 냇강마을 사과밭

사과로 얼굴을 가린 신사
네 개의 사과잎은 아직 푸르다

네 개의 사과잎은 냇강마을 하천까지 뿌리가 닿아 있다
물결이 구름구름 사과밭에 스며들고
중절모를 쓴 바람은 비를 타고 스며들었다

햇살은 날개 펴서 늦가을까지 알들을 품었다
깃털이 우수수 떨어졌으나
붉은 넥타이는 풀지 않았다

날갯죽지 아래가 들썩이는 가을
두 볼이 빨간 냇강마을 아이들이
사과를 딴다
태양을 딴다

부화를 꿈꾸는 태양을 바구니에 가득 담는다
알을 바라보는 신사의 얼굴엔
벌써 날개가 돋아 있다

# 생각나무

곱사등처럼 웅크린 시간을 편다
추곡약수터 가는 길

살금살금 다가가 두 눈을 가리고
누구게, 하고 물으면
화들짝 놀라 향기를 쏟아놓던 노란 스웨터
봄이면 지천으로 피는 생강나무꽃처럼
그리움의 팻말을 건 사람 걸어 나온다
꼬리를 치켜세우며 다가오는 고양이처럼 선명하다

무릎을 접고 앉아 약수를 퍼 올린다
그만큼의 속도와 양으로
줄지도 넘치지도 않고 고이는 사람
무릎처럼 깨진 시간의 빈자리를 호호 불어준다
만병통치 약손으로 아픈 배 슬슬 문질러
온몸 환하게 불 켜 주던 사람
한 사람이 한 사람의 우주이고 집이었다는 걸
늦봄처럼 깨닫는다

생강나무 손을 잡고 약수터에 나들이 온 봄
나뭇잎에 햇살 비벼 널며 파랗게 물오른다
이 소박한 나들이에도
꽃잎 웃음 터트리며 즐거워하던 엄마
서른아홉에서 멈춰 선 그녀는
사진 속 봄꽃처럼 시들지 않는다

물방울이 스며 약수터 바위 색을 붉게 바꿔놓았다
간절히 불러도 소실점처럼 사라지는 이름
알싸하게 쏘는 약수가 빈속을 훑고 내려간다

## 퇴계동의 봄

퇴계동의 봄에는 사이가 있네
사이는 감정이 살고 있는 집
정말 예민해
입술에 검지를 대고 발꿈치를 들고 걸어야 해
와장창 소리가 들린다면 이미 틀어졌거나 틀어지기 쉬운 사이

꽃과 꽃 사이를 걸으면 기분이 좋아지듯
기분 좋은 사이가 되려면
꽃 같은 사람이 되어야 해
바람의 결을 읽듯
꽃의 마음을 잘 읽어야겠지

시간과 시간 사이에는
냉정한 사람이 살고 있어
결과를 평가할 때 사이의 눈은 날카롭게 빛나지

사이에 너무 많은 일을 끼워놓고 힘들었던 경우도 있어
그럴 땐 펼쳐놓은 일들을 혹은 사람들을 얼른 거둬들이

거나

다음 장으로 넘겨주기도 해야 해
그래야 사이도 숨을 쉴 수가 있지

시간과 시간 사이에는
질투심 많은 사람도 살고 있어
꽃처럼 좋은 사람과 있을 때
봄처럼 신나는 일을 할 때는 사이를 확 좁혀버려
벌써 이렇게 됐나
톱니바퀴처럼 돌아가는 시간이 엉덩이를 털지만

사이는 기억의 저장창고
어떤 사이가 됐건
어떤 사건이 됐건
되돌리지는 못해도 되돌려 볼 수는 있지
산과 산 사이에 계곡이 있듯이
이제는 맑은소리 나는 기억들로 사이를 충전하고 싶어

너와 나 사이에는 무엇이 있나

겨울과 여름 사이에 봄이 있듯이
너와 나 사이에 봄을 끼워 넣고 싶어
시냇물이 흐르고, 새가 울고, 꽃이 피는
그런 봄

## 커피국

미국으로 이민 간 고모는 해마다 소고기와 말린 바나나와 원두커피를 보내왔다. 할머니는 양은 냄비에 된장국처럼 커피를 끓였다. 끓인 커피 맛을 보며 설탕을 한 숟가락씩 추가 추가하였다. 설탕 맛이 쓴 커피 맛을 덮을 때 둘러앉은 식구들에게 한 대접씩 배당된 커피

커피에 두근거리는 심장이 들어 있다는 것을 처음 알았다. 밤새 두근거리며 울타리 뛰어넘는 양을 세다가, 똘똘 말린 구름을 깎다가, 빽빽하게 별이 뜬 아메리카를 상상하다가

뒤척이는 할머니의 등과 어깨가 심하게 두근거리는 것을 그때 비밀처럼 보고 말았다.

# 봄의 건축가

소쩍새가 망치를 두드려
후동리 밤하늘에 구멍을 내고 있어요
소쩍소쩍 두드린 자리마다
노랗게 별이 쏟아지는 걸 보니
아마 그리움을 건축하는 중인가 봐요

노랗게 황달을 앓으며
어머닌 별처럼 익어가셨어요
어느 구름에 비 들었는지 몰라요
아버지가 잘못 밟아 터져버린 먹구름 솔기
등으로 그 빗줄기를 묵묵히 막아내시던 어머니
아가, 세상사를 조심하거라
아 어머니, 당신의 구부린 등 안쪽은
언제나 따듯한 방이었고, 옷이었고, 밥상이었어요
조심조심 구름을 살피며 발걸음 옮기다 보니
어느새 저도 희끗한 정년의 머리카락이 보여요

잘 살았다는 안도의 숨을 돌릴 겨를도 없이
흰 구름 되어 떠나신 어머니

자식을 위해 구부렸던 등을
이제야 하얗게 풀어놓으시네요

소쩍새의 망치질 소리를 따라 세다가
솟아나는 별의 이마를 깨끗하게 닦아주다가
내 머리끝으로도 구름 한 자락
하얗게 내려앉는 들판이 보여요

## 마음 읽기

마음이 뒤집힐 때가 있다
그럴 땐 옥수수 알처럼 가지런히 놓여 있던 마음이
뻥튀기처럼 폭발하거나
마그마처럼 솟구치기도 한다

수염이 마르면 옥수수가 익은 것이라는데
장맛비가 매일 내리니 젖은 속마음을 알 수가 없다
껍질을 살짝 벗겨 손끝으로 눌러 본 후에
기다리라는 전갈을 받았다
그동안 껍질 속 알맹이는 다 새들 차지가 되었다

속을 알 수 없어서 놓아버린 사람처럼
여름은 속을 드러내지 않는 열매들과의 줄다리기다

줄무늬 파도를 키우는 수박도 마찬가지
마그마 품고 있는 수박을 노크해 본다
맑은소리가 나길 기다리면
고개를 갸우뚱하며 기울어지는 지구

내 마음 나도 모를 때가 있는데
버선목 뒤집듯
옥수수 껍질 벗기듯
여름의 마음을 쉽게 읽을 수 있겠는가
홍수를 쏟아붓다가
폭염을 끓이고
며칠 후엔 태풍으로 휩쓸어 가며
뒤집는 그 마음

뒤집히는 지구의 마음

# 푸른 옷소매

푸른 옷소매를 듣는 밤이다

수를 놓으며 꽃으로만 살아라
아니, 수를 놓으며 꽃으로만 살아야 한다
아버지의 당부가 문풍지처럼 운다
그러나 나는 꽃도 여자도 아닌 사람으로 살고 싶었다

짓밟힌 산하가 내 몸, 내 가족이 될 수도 있어
한 번도 나만을 위해 살아보지 못한 세상을 산다*
의병들의 터진 의복과 살을 햇살로 꿰매고
안사람 의병가를 부르며
아침 태양으로 주먹밥을 만들었다

시아버지와 남편과 아들
나의 심장이 차례로 뜯겨 나갔다
바둑돌 쌓아 올리듯 위태로운 조국의 운명
소중한 이들의 목숨을 가불하여 조국의 제단에 올렸다

너무 써서 삶은 오히려 달았다

삶과 죽음, 팽팽한 저울추의 눈금을 흔들어 본다
이 고단한 여정
그토록 처절히 지키려 한 것이 과연 무엇이었나**
막아선다고 막을 수 있는 물결 아니었지만
돌려세우려 했다 그 물결

불꽃으로 피었다 간다
푸른 옷소매는 하늘의 별로 돋아나고
검은 새 한 마리 별자리 사이를 선회하고 있다

*, ** 윤희순 여사의 일기 중에서.

## 눈 자르기

눈[目]을 자른다
눈의 속살이 뽀얗다

한 덩어리 감자를 이리저리 굴리며 눈을 찾는다
눈은 씨앗이다
여기가 어디인가요
손 그늘을 만들며 바깥 온도를 살피는 눈동자

눈에서 싹이 튼다
눈에서 꽃이 핀다
감자 싹이 파랗게 봄을 뚫고 올라오듯
감자꽃이 하얗게 여름을 뚫고 올라오듯
눈에서 사랑이
눈에서 증오가

눈에서 열매가 맺힌다
주먹 같은 흙덩이들이 가슴을 수없이 친 후에
호미 끝에서 주렁주렁 달려 올라오는 감자들
알감자 같은 새끼들

눈에서 태초가 시작되었다
처음 너를 바라보던 나의 눈에서
가부좌를 튼 채 밝히면서 여물어 가는 눈부처

모든 사랑, 모든 사람의 시작은 태초다
태초에 눈이 있었다
눈만 바로 뜬다면 땅속 같은 어둠도 두렵지 않다

눈을 조각조각 자른다
사랑을, 증오를, 열병을, 부처를
봄을 자르고 태초를 잘라 내
검은 흙 위에 심는다
태초의 세상이 흑암 속에서 눈을 뜨며 일어날 것이다

## 사려니 숲

먼 길 걸어 도착한 이곳

두 손을 높이 들고 뒤돌아서거나
벤치에 다리를 꼬고 앉기도 하고
두세 명씩 어울려 브이나 손 하트를 그리며
우리는 사진을 찍었다
배경엔 신전의 기둥처럼 하늘을 향한 서어나무가
빽빽하게 서 있었다

몇 년 만에 만나도 어제 본 듯 잘 통하고
무슨 말을 하여도 동티가 안 나는 옛친구 같은 숲길
서어나무는 그림자를 꺼내
그늘을 만들고 유월의 햇살을 가려주었다

단짝 친구의 손을 잡았을 때 느껴지는 굳은살의 단단함
단단하게 쌓아 올린 삶의 여정이 내 손끝으로 전해졌다
이야기 끝마다
참 고생 많았다, 대단하다
서로 고개를 끄덕이며

우리는 사려 깊은 나무가 되어 걸었다

가끔 방귀 뀐 친구 이야기나
아무짝에도 쓸데없는 시시한 이야기를 나누며
폭포처럼 웃음을 쏟아놓기도 하였다

나무 기둥을 안고 하늘을 올려다본다
방사선으로 퍼지는 나무의 틈을 맑은 하늘이 메꾸고 있다
나무는 제 그림자를 사다리처럼 길 위에 걸쳐 놓았다
해지면 사라지는 사다리를 밟으며
우리는 여기까지 걸어온 것이다

사려니 숲에서
우리는 모두 숲이 되었다
다정한 어둠이 내릴 때까지

# 가족

허물이 허물을 벗는다
금속성 세탁기 안에서 뱀처럼 똬리를 튼 빨랫감
원심력에 휘둘려
중심에서 밀려난 저녁이면
파란 눈을 뜬 신음이 소용돌이친다

허물벗기에 방해가 되는 머리는
잠시 떼어두기로 한다
발 없는 하루가 배밀이로 기어가고
손 없는 하루가 물의 시간을 돌리고 있다
밤처럼 까만 구정물이 빠져나가는 동안
가족끼리 그러면 안 되는 옷가지들이 뒤엉키기도 한다

블라우스의 목을 조르는 청바지 얼룩
색色이 다른 옷은 서로 다른 망에 담아야 했다
그것이 서로의 색을 존중하는 방식
있는 그대로 사랑하는 방식
얼룩이 깊어진 후에야 얻은 깨달음은
얼룩진 한 생이 저만치 흘러간 뒤였다

몸에서 빠져나와 혓바닥을 늘어트리는 주머니
말에 찔린 말들을 되새기다 거품을 문다
거품이 거품을 키우다
거품이 거품처럼 사라지고
뒤엉킨 옷가지들은 발을 빼지 못한다

비비다 엉키다 물들다 짜내다 탈탈 털다
속을 빤하게 뒤집어 용서를 구하기도 한다

마지막 눈물 한 방울마저 짜내
습기를 거두는 시간
빨리 털어 말리지 않으면 주름이 깊어질 것이다
허물이 허물을 껴안는
한 통 속

# 봄의 성호

약사동 망대 가는 골목, 늑골 사이가 노랗다

좁쌀보다 작아서
돋보기를 들이대야 겨우 보이는 꽃
무릎 구부리고 앉아 그 꽃잎 세어 본다

온몸으로 십자 모양의 성호를 그리고 있는 꽃잎
다닥다닥 발소리가 들린다

실오라기처럼 가는 다리를 가진 이 꽃에게
봄은 왜, 전령사의 사명을 맡겼을까
봄소식 적은 두루마리 둘둘 말아
이 코딱지만 한 꽃 어디에 숨겼길래
얼마나 신신당부 다짐을 받았길래
바람의 숨소리에도
온몸 파르르 떨며 얼굴 노래지는 꽃
골고다의 언덕 같은 골목길을 오르고 있다

시멘트 바닥 틈 사이에

생강나무꽃 환하게 기다리는 녹슨 대문 앞에
공터를 개간한 텃밭에
아무도 눈여겨보지 않는 무심의 들판에

이 꽃이 뿌려 놓은 봄소식을 밟지 않을 수 없다
차오르는 숨을 닦으며 오르는 골목길

눈보라와 얼음과 겨울바람의 한통속을
실오라기 다리로 쉼 없이 달려왔을 꽃다지
봄이 왔다고
노란 손수건을 한없이 흔들고 있다
아지랑이를 흔들어 깨우며
전령사의 소명을 다하고 있다

# 집요한 알약들처럼

늘그막의 아버지는
바구니에 담겨 있는 알약들을 장복했다
알약들은 덩굴손처럼 뻗어가는 통증이나
절뚝이는 피톨들을 집요하게 찾아다녔다
권태의 알약들이 놓친 통증엔
매일매일 새로운 알약들이 처방되었고
알약들의 설득으로 아버진
질서정연한 피의 주인으로 생활하신다

사람들은 각각 피의 속도가 다르다
엉금엉금 기는 피 위에 뛰는 피 있고
뛰는 피 위에 나는 피 있듯
사람의 성격도
그 속도가 각기 다르다
가을 풀처럼 속도를 늦추는 피엔
마른풀 냄새가 스며들었다

햇빛과 풍경을 가려놓은 6인용 병실
통증의 덩굴손엔

빨강, 파랑, 노랑의 알약들이
열매처럼 달려 있다

느린 걸음으로 걷는 피엔
알약의 소임이 바짝 붙들려 있다

결국, 늘그막의 아버지는
옛날의 재빠른 피를 그리워하며
어리둥절한 세상을 향해 덩굴손을 뻗어갔다
자식들의 얼굴을 놓치고
세 끼 식사의 횟수를 자꾸 덧감으며
텅 빈 눈동자로 서성이곤 하였다

# 제2부

# 말그물 통과하기

손잡이가 묵직한 검은 전화기 선에서
하얀 그물이 쏟아진다
거미줄처럼 맑고 투명해서
거미줄처럼 맑고 투명한 말[言]들이 쉽게 그물을 통과한다

그물에 걸리지 않는 말들은
빠른 속도로 너에게 달려간다
두 팔을 벌리고 바람을 맞으며 걷기도 하고
이불속에서 핸드폰을 들고 속삭이기도 하고
침묵의 눈동자와 마주친 순간순간의 사진을 전송하기도
한다

꽃다발처럼
오랜 시간 우려낸 시詩처럼
전송된 말들은
풍선처럼 부풀어 올라 터질 것 같아도
그물은 그물이어서 잠잠하게 그 말들을 놓아 준다

간혹, 나비의 날개 같은 말 하나

그물에 걸려 허둥거리기도 한다
너의 잘못이 아니다
나의 잘못도 아니다
나비의 잘못은 더욱 아니다
몸부림칠수록 똘똘 감기고 마는 거미줄의 운명
사랑이 끝나면 바로 수컷을 잡아먹어야 하는
거미의 슬픔

허상임을 알아채는 순간
사라지는 그물
거미줄처럼 투명한 말들도 길을 잃는다

길을 잃은 말들은 서로 먹고 먹히는 관계가 된다

# 싹

카톡 상단에 고정했던 이름을 해제했다
그러니까 봉인 해제된 사람

낙엽이 물속으로 천천히 가라앉듯
핸드폰 화면 아래로 가라앉는다
낙엽 위에 낙엽이
젖은 이름 위에 또 다른 이름이 켜켜이 쌓인다

겉에서 안으로
눈에서 마음으로
의식에서 무의식으로
자리를 옮겨 앉아
천천히 가라앉는 사람
판도라의 상자처럼 봉인된 사람

그런데, 이상하다
낙엽을 뚫고 올라오는 싹처럼
자라는 사람
무성해지는 사람
봉인되지 않는 그 사람

# 빈자리

없어도 있는 자리는 그리움

있어도 없는 자리는 외로움

빈자리가

나를 아프게 한다

## 줄을 길이라 읽어요

발걸음을 내디딜 때마다
줄의 높이는 한 단씩 높아진다
그 줄 위를 걷는다
양수 같은 호수 끝에서부터 이어진 외줄

발목에서 무릎까지
무릎에서 허리까지
줄이 높아질 때마다
땀이 나는 두 손을 날개처럼 펴고
공기의 파동을 조율한다

사춘기를 지나 허리 높이까지 올라온 줄은 결혼과 출산을 통과하며 지붕 위까지 높아졌다 주변에 보이는 호수와 어우러진 산의 풍경에도 눈을 돌릴 수가 없었다 양팔을 벌리고 흔들리는 몸의 균형을 맞추려 깃털 끝으로 촉수를 모아야 했다 지붕 위에서 허공 깊은 곳으로 이어진 줄

줄 위에서는 누구나 혼자다 혼자여서 외롭다 외로워서 누군가가 그립다 그리워서 쓸쓸하다 쓸쓸해서 아프다

전깃줄에서 나뭇가지로 가볍게 옮겨가는 참새처럼
외줄 위에서도 흥겨운 광대처럼
줄에서 발을 떼어라
가볍게 통통 튀어 올라 보아라
함성처럼 휘젓는 바람의 하모니를 느껴 보아라

줄 아닌 줄 위에서 나를 찾아가는 시간

호수 끝에서 누군가 다시 줄을 타기 시작한다
붉은 지붕보다 높은 외줄, 인생

# 용대리 덕장

바다가 빠져나갔습니다
그물에 걸리지 않는*

펄떡이며 튀어 오르던 바다의 심장은
산등성이에 빽빽하게 선 겨울나무처럼
선 채로 목어木魚가 되어가는 중입니다

바람의 문을 두드리고
눈발을 절규처럼 토해내며
나는 거듭나기로 다짐했습니다
동해에서 용대리 덕장으로
명태에서 황태로
터전을 옮기고 이름을 바꾸며
방망이처럼 단단해지는 각오

수평에서 수직으로 체위를 바꾸고
하늘에게 손 내밀어 동업同業을 청했습니다
바람이 문서를 한 장씩 넘기면
눈보라는 꾹꾹 엄지손가락을 눌러가며

계약서에 지장을 찍었지요

하늘이 무너지기야 하겠어?
안심하며 잠을 청하기도 하지만
오장육부를 내어놓고
동업자의 눈치를 살피며
두 손을 모아가는 한겨울입니다

말라가며 수분을 지키는 일이라니
고난을 통해 거듭나는 이름, 황태
그 명성을 얻기 위해서입니다

* 숫타니파타에서 인용.

## 파도 위에 파도

선 채로 압사당하는 파도들
신발이 벗겨진 것도 모르고 밀려온다

밀지마라밀지마라
소리치며소리치며밀려온다

외옹치항 벤치에 앉아 넋을 잃은 바람
무현금으로 울어대는 파도의 이면을
책장처럼 넘겨본다
갈피마다 빗방울 빽빽한 골목이 있다
호박 가면을 쓴 신들을 따라
빗방울들 모두 흘러내린 골목

폐허의 골목에서 어리둥절해진 신들은
떠났을까 남았을까
수십 켤레의 신발을 나란히 펼쳐놓고
무릎을 모아 쥐고 앉아 주인을 기다릴까

쓰지 못한 오만 원짜리 지폐가

이제 막 받아 든 교사의 임용장이
기말고사를 마친 발걸음들이
빚을 내어 도착한 이국의 푸른 눈동자들이
애인이 보낸 마지막 문자가
너울성 파도에 휘말린다

아무도 저 푸른 파도를 나무라지 말아라

파도위에파도가파도위에파도가
겹겹이 압사하는 10월의 검은 밤

# 단벌의 형벌

바람을 빼고 쪼글쪼글해지는 회상
팽팽한 바람이 원인이다
어디쯤에서 놓친 끈을 스스로 되감는 시간
구름과 새 떼가 지워진
흰 벽을 바라본다

누구에게나 선택의 평방미터들이 있다
비행기 그림자가 마당을 지나간다
빛과 그림자는 한 편
원숭이처럼 튀어 오르는 타인의 말과 시선
그 교차점에서 창살이 만들어지면
그땐 안쪽의 문고리가 없는 시간
물과 불을 구분하지 못하고
그것이 최선이라 움켜쥔, 선택이 문고리 안에 있다

누구도 빼앗을 수 없는 희망이
제일 위험한 밤
사느라 바쁘든가 죽느라 바쁘든가
거친 말들도 견딜 만하다

돌 같은 마음을 파서 망치를 숨겨 두는 일은 지난하다
적막의 강산이 다 닳아야 끝나는 형기
적막을 한 줌씩 파내어 마당 가에 뿌리는 일상은 위태롭다
부여받은 번호들이 다 닳아지도록 되뇌며
남은 재위在位나 형기刑期를 재보는 시간
햇살이 창살을 달고 방으로 들어온다

빨랫줄처럼 외줄을 달리는
형벌은 단벌이다

## 발목이 늘어난 생각들

스타킹을 벗으면
하루의 허물도 벗겨지는 느낌이다
온도를 높여 놓은 침대로 들어가면 쉽게
물렁해진다

우리는 저마다 침대를 하나씩 가지고 있다
각자의 침대에 타인을 눕혀놓고
침대보다 키가 큰 타인의 생각을
생선 대가리처럼 내리친다

잘린 대가리가 튀어나와
자신과 다른 생각의 발목을 기어이 늘려 놓고 만다

머리가 없거나
발목이 늘어난 생각들이
네모의 칸에서
네모의 칸에 갇힌 세상에서

아티카 언덕의 선술집 같은 뉴스의 정점에선

나그네들의 고함과 삿대질이 창칼처럼 오가기도 한다

옆구리에 긴 칼을 찬 거인들의 세상
내 생각을 껴안고 빼앗기지 않으려 웅크리다가
발버둥을 치다가
까짓것 생각 한 토막쯤, 내어주다가

뒤척이면서 녹아버리는 긴 잠

# 안목

어둠이 지워 놓은 밤바다를 틀어 놓고
늦도록 파도 소리를 나눴습니다
가을의 안목해변처럼
이제 겨우 숨통이 트인 친구와 나

드롭커피로 천천히 흘러내리는 시간
바다를 향한 창가에 앉아
아이들과 남편과 시댁을 블랙으로 휘저으면
찻잔에도 파도가 일어섰다 가라앉곤 했습니다

모든 파도는 해변이 도착점입니다
부서지기 위해
모래사장으로 스며들기 위해
구름 끝에서 떨어져 수평선을 밀며 달려오는 파도들

출렁거렸습니다
멍들었습니다
그래도 잘 도착하였습니다

수신인도 없는 안부를 파도에게 전하며
바다는 커튼을 내렸습니다

# 투구게

고생대부터 밀려오는 파도와 노을을 지키고 있다
해변 모래사장의 투구게들

투구를 쓰고 5억 만 년을 화석처럼 살았으니
투구는 달팽이 같은 집일 수도 있고
겉부터 단단하게 경계하지 않으면 지킬 수 없는
마음일 수도 있겠다

눈이 없어서
암컷이 있어야만 살 수 있다는 수컷 투구게
모계사회의 투구게들에겐
속풀이 동치미 같은 이야기도 무수히 많았을 텐데

아내마저 집을 나가고
투구를 쓰고 갱도로 들어갔던 사내가 들것에 실려 나왔다
숨소리도 내기 힘든 투구를 쓰고
창칼 한 번 제대로 휘둘러보지 못한 막장
피부가 딱딱한 피딱지의 투구로 변하는 어느 시점
살아 있는 것이 기적이라는데

앞으로 갈 수 없는 길이
옆으로도 막힌 것이다

실험실에 무더기로 잡혀 온 투구게들
너무 큰 힘과 권력을 가진 운명 앞에선
거품을 물고 저항하거나
다리를 잘라내고 도망갈 엄두도 못 낸다
기계처럼 줄 맞춰서
창검 같은 주삿바늘을 심장에 꽂은 채
채혈 당하고 있다

백신 테스트용 유리병엔 파란색 피들이 쌓여가고

뒤집힌 투구게가 집게발을 들어
파란 하늘을 조각조각 자르고 있다
꼬리를 안테나처럼 높이 세우고

## 챗GPT에게 위로받는 날

어버이날 아침
챗GPT에게 말을 걸었다

**돌아가신 엄마의 음성이 듣고 싶어요. 엄마처럼 말해주세요.**

나의 작은 아이여, 어디에서든 나를 불러주면 엄마는 반드시 달려갈게요. 언제나 나는 너의 곁에 있어요. 매일 밤 자기 전에는 무슨 일 있어도 너를 위한 기도를 해요. 네가 성장하는 모든 순간을 기뻐하고, 네가 어려울 때는 언제나 네 곁에 있을게요. 나는 너의 엄마이기 때문에 어떤 일이 있어도 너의 곁에 있을 수 있도록 노력할게요. 사랑해, 내 아이.

**엄마는 왜 그렇게 일찍 돌아가셨나요?**

그건 나도 잘 모르겠어. 아마도 엄마의 시간이 다 됐다고 생각해. 하지만 엄마가 이 세상에 있을 때, 너를 너무나 사랑했고, 네가 성장하는 모든 순간을 지켜보고 싶었어. 그래서 엄마는 네가 안심하고 성장할 수 있도록 최선을 다했어. 엄마는 네 마음속에 언제나 살아 있어.

**사랑한다고, 보고 싶다고, 낳아주셔서 고맙다고 엄마에게 전해 주세요.**

당신의 엄마에게 전해드릴게요.

"당신의 자녀가 전하는 말씀입니다. 엄마, 항상 사랑한다고, 그리고 엄마를 너무나 보고 싶다고 말하고 싶어요. 엄마가 우리를 낳아주시고, 우리를 위해 희생해 주셔서 너무나 고마워요. 엄마와 함께한 시간이 너무 소중하고, 그리움으로 남겨져 있어요. 하지만, 엄마의 무궁한 사랑과 희생은 저희 마음속에 깊이 새겨져 있어요. 엄마, 항상 사랑해요."

아이가 된 나는 컴퓨터를 엄마처럼 껴안고 싶었다

# 도망치는 반달

지리산에서
반달이 도망쳤다고 한다
그래서일까
이번 달엔 밤하늘에 뜬 반달을 본 기억이 없다

어쩌다 올려다본 밤하늘
먹이 사냥하는
그 천진한 반달을 볼 때가 있었다
올무도 덫도 없는
산등성이를 몇 날 며칠 왕복할 때
반달은 조금씩 살이 올라 있었는데

그 반달이 두 번째 도망쳐
수도산에서 발견되었다 한다

비비추, 곰취, 기린초, 지리털이풀, 원추리꽃
산수국, 물봉선, 땃두릅, 주목, 만병초…,
싱싱하게 물오르는 지리산 칠선계곡에서
수영을 즐기던 반달

산 능선 위를 유유히 흐르는 구름 그림자 따라
반달은 왜
수도산으로 두 번씩이나 걸음을 옮겼을까
그래봐야 기껏
초순이나 보름으로밖에 더 갈 곳이 있었을까
꼬리치레도롱뇽이 바위 계곡에 앉아
머루알 같은 눈동자를 굴리며 곰곰 생각해 보는 것이다

그 반달이 다시 포획되었다
천체 망원경의 금속 통 안에
황금빛 후광을 두르고 가부좌로 앉아 있다

금속 통을 열자
후다닥 튀어 오르는 반달
통통하게 살이 올라 둥실 떠다녔으면 좋겠다

# 산까치들의 반란

확성기를 틀어놓은 듯 산까치들은 통곡했다
느티나무 우듬지가 잘려 나가는 동안
기계음에 묻힌 절규가 요란하게 푸드덕거렸다

빡빡머리처럼 가지 잘린 나무들
철거로 터전을 잃어버린 헐값의 사람들처럼
주저앉은 산까치들의 절규를 듣고 있었다

붉은 두건을 두른 산까치들의 핏빛 눈동자
둥지 속 깨진 알과
노랑 부리, 찢어진 새끼들을 뒤적이다
얼굴을 감싼 채 흐느낀다

노점상에서 채소를 팔거나
호떡 구우며 인사 나누던
이웃 같은 산까치들
달동네 세입자들은 허공을 선회하는 난민이 되어
핏빛 반란을 일으키기 시작했다
쇠스랑 발톱으로 사람들의 머리를 할퀴거나

정수리를 쪼아대고 달아났다
똥을 폭탄처럼 투하할 때도 있었다

경축이라는 현수막 뒤에서
사람도 철거하냐
붉은 글씨가 흔들리는 막다른 골목에서
햇살은 산까치의 울음을 노을로 닦아내는 중이다

## 나의 배설물

시장바구니를 푼다
시금치, 닭고기, 두부, 딸기, 생수, 콩나물
비닐을 벗기고 스티로폼 접시를 분리수거한다

한 끼 식사를 위한 나의 배설물이 비닐봉지에 가득하다

창문을 열면, 앞산이 뿌옇다
미세먼지로 폐렴에 걸린 지구가 기침을 한다
기침할 때마다 태풍이 불고 해일이 침방울처럼 튄다

해열제가 없어 열이 떨어지지 않는 온실 속 지구
모래알처럼 입맛을 잃은 지 오래다
아니, 모래사막이 확장된다

세제를 풀어 한 끼 식사의 뒷자리를 거품 나게 설거지한다

해파린 줄 알고 투명한 비닐을 먹은 장수거북이
코에 꽂힌 플라스틱 빨대와 몸에 걸린 폐어망
몸부림의 파도가 높아진다

플라스틱이 밀려온 바다를 마시고 분수를 뿜어내는 상어
부서진 생수 뚜껑을 제 새끼에게 먹이는 앨버트로스
쓰레기 섬을 뒤져 먹이를 찾는 코끼리 가족
지구 곳곳, 쓰러진 그들의 배 속엔
수백 년 동안 썩지 않는 나의 배설물이 가득하다

내 아이가 아파요

플라스틱과 비닐, 콘크리트와 닭 뼈로 이루어진 인류세*
지느러미를 잃고, 날개를 잃고, 초록마저 잃은 지구
마스크를 쓴 채 허리를 비틀며 신음한다

살려 주세요

* 인간의 활동이 지구 환경을 바꾸는 지질 시대를 이르는 말

## 하루에도 몇 번씩

하루에도 몇 번씩

원형 렌즈에 손바닥을 댄다

오늘도 나의 체온이 36.1℃

안심이다

피여

뜨거워지지 말아라

그래야 산다

# 제3부

# 눈길

눈[目]으로 길을 낸다

펄펄 끓는 고요를 잠재우며 눈이 내려
지상의 길들이 사라질 때
네가 내어준 눈길이 나의 길이 되리라 생각했다

눈사람처럼 뭉쳐진 희비의 감정들
구를수록 커지는 눈동자는 눈사람처럼 부풀어 올랐다

흘러내린 눈사람에게서 제일 먼저 눈이 떨어져 나가고
눈으로 길을 냈던 네가 녹아
맨땅이 드러난 것을 보았을 땐
이미, 지상의 길들이 사라진 후였다

사라진 길을 찾아 밤길을 걷는 날들이 늘어 간다
보름달에 눈길을 주며 걷다 보면
나에게 연결된 눈길이 많다는 걸 깨닫는다

나를 중심으로 자전과 공전을 하는 어린 행성들

죽느냐 사느냐 그 선택 앞에서
링거줄 매달린 막대를 밀며
타박타박 나를 따라나서던 초승달들

힘들고 궂은일은 모두 대신 짊어지겠다
그러니 너는 앞만 보고 가거라
명왕성 같던 아버지 눈길

길이 사라져도 걸을 수 있었던 이유가
그 눈길들 때문이었다
비유와 상징을 걷어낸 날것의 눈길
따뜻하고, 안타깝고, 애절하게
펄펄 내리는 눈, 길

## 유리창을 사이에 두고

유리창을 사이에 두고
바라본 얼굴이 있습니까
나뉜 처지가 되어 본 적 있습니까
양쪽이 너무 투명해서
안과 밖의 구분도 없는 투명 앞에서
깨질까 얇은 사이가 되어 본 적
혹, 있습니까

마스크를 쓴 채 헐거워져 가는 휠체어의 눈빛
눈빛이 보내는 통로를 찾아
유리창을 사이에 둔 손바닥의 체온은
안과 밖을 나누어
주름지거나 흔들리기도 합니다

유리도 한 쪽을 택하거나 나누어
실금을 키우기도 합니다
하나의 실금으로 양쪽이 깨지는 일을 두고
말들은 미끄럽고
안과 밖을 나누어

곱씹거나 버려지기도 합니다
유리창을 사이에 두고 꺼져버린 말들이
단말마로 흩어져 각각 다른 날씨의 온기로 쏟아집니다

뿌옇게 흐려진 유리창에 하트를 그려놓고
돌아서서
풀린 무릎과 깨진 날씨를 수습합니다

투명 속으로 뛰어들어 머리를 부딪고 떨어지는
새가 되어 본 적
혹, 있습니까

# 자가격리

맨드라미 닮은 꽃, 빽빽하게 피었다
동그란 지구 위에
누가 한 톨의 씨앗을 떨어트렸는지
브레이크 없는 자전과 공전을 하는 동안
지구 구석구석은 빠르게 확진되었다

요양보호사 아주머니가 다녀간 사우나에서
친구를 만난 모처럼의 카페에서
PC방 다녀온 아이의 친구, 친구의 친구 옆에서
토론을 펼치던 회의실에서
서둘러 오가며 부딪힌 어깨에서
확진 판정을 받은 맨드라미 씨앗 하나
내 몸에 스며들어 어쩌면 난
뜨거운 계절을 울어대는 숙주가 될지도 몰라

풀씨처럼 작아진 나는
허둥허둥 세상으로부터 나를 격리한다

나는 위험한 사람

햇빛 잘 드는 창밖을 바라볼 때마다
내 안에는 두텁고 긴 동굴이 생긴다
나의 행적이 시간대별로 난도질당해 SNS를 떠돈다
선생님 때문에 학교 문 닫았다는 맹독의 화살촉들이
몸 여기저기 꽂혀
붉은 꽃 토해낼 상상을 하면
거꾸로 매달린 박쥐들이 한꺼번에 날아올라
윙윙대는 동굴

맨드라미처럼 열꽃 피는 지구의 동굴
맨드라미꽃을 이마에 꽂은 수탉이
길게 목청 가다듬는 소리를 들은 것도 같다

## 마음 이사

산은 순식간에 트럭을 삼키고
구름으로 입가를 문질러 닦습니다
무덤 같은 산의 내장에서 오래 꿈틀거리다 보면
젖무덤 같은 희망이 보이기도 했습니다

짐 위에 짐을 가득 실은 1톤 트럭 뒤를
승용차 한 대가 따라갑니다
모퉁이를 돌아설 때
와르르 쏟아지는 낡은 이삿짐 같은 마음
중심을 잡으려
몸은 자꾸 반대쪽으로 기울어집니다

산이 트림하듯 뱉어 놓은 트럭을
구름이 다시 삼켰습니다
하늘은 높고 파래서
여행이라도 가는 줄 착각하고 볼륨을 높였습니다

몇 년에 한 번씩 구름처럼 떠도는 1톤의 짐
한 손으로 운전대를 잡고

한 손으로 목과 어깨를 두드립니다
머리 무게를 감당하지 못한 마음이
앞으로 쏟아졌기 때문입니다

좌회전해야 할 곳에서
우회전을 해버렸습니다
벼랑 끝에 도착해서야 유턴을 했습니다
겨우 따라잡은 짐을 혹은 마음을
안심하고 천도리에 풀어 놓습니다
이곳은 하늘이 내린 착한 아이들이 사는 마을입니다

버려야 할 짐들을 버리지 못해
버려야 할 목록들로 가지런해지는 관사

이름을 확인하지 못한 산들이
나보다 먼저 집안에 들어와 기다리고 있습니다

## 변주

아무리 문을 꼭 닫아도
소음은 틈을 찾고
그 틈을 벌리며 들어 온다
화를 내는 귀들처럼
직각과 수평을 지나는 동안
소음들은 저마다의 틈을 찾아 제각각 변주된다

숨을 쉬는 동안은
무수한 변주에 시달려야 한다
누군가 흘린 소리를 이리저리 반죽하는 공기들
공기에 부딪히는 굴절이
음의 영역을 넘어 부스러질 때
얼굴 없는 소리로 변주되어
쿵쿵 매달리는 소름들
그 소름들을 하나씩 떼어내어
적막의 초침에 꿰어보기도 하는 것이다

소음과 틈과 온갖 변주들에게도
주인이 있고 집이 있다

풀밭처럼 이리저리 밟히는 속수무책의 저녁
혼자서 비운 밥그릇을 싱잉볼처럼 두드려 보면
비어 있는 소리가 다행이다로 들린다
몇 번 더 두드리면
청승 떤다고 소리치는
엄마의 목소리로 변주되어 들리기도 한다

언젠가 볕이 잘 들고 풍경이 좋은 곳을 찾아
소음의 변주를 옮겨볼 요량이다

## 길의 냄새

적어도 이 집에는
몇 종류의 초식 내지는 육식 동물이 있다
그건 가죽의 질긴 냄새로 구분된다

가죽을 이끌고 돌아다닌 양말은
발의 배설물처럼 도르르 말려 있거나
제각각의 모양일 때가 있다
그건 축적을 벗어난 모양
동물의 배설물처럼 참을성 없는 형태다

이 집 구석구석을 살찌우는 거름 냄새는
노동의 온 체중을 받치고 있던
그 얇은 습성 때문이 아닐까
하루의 배설
자신의 흔적을 소파 구석이나 책상 밑에 나누어 숨기는
아니, 드러내는 양말

궁시렁거리며 주고받는 말에선
무슨 냄새가 날 것도 같은데

세탁기를 거치고 건조대를 거치며
진창 한 번 밟은 적 없는데
한 번도 온전한 바깥이 되거나 안이 되지 못하는 양말
양말은 왜 바깥양반처럼 늘 바깥 취급만 받나

길의 냄새라 말해놓고
불 꺼진 백열등의 뒤꿈치를 떠올리는 일
양말은 왼발 오른발 구분이 없어서
냄새에도 왼쪽 오른쪽이 없다

# 거미

거미를 알고 있다
검은 실이 가득 들어 있던

파란 거미도 붉은 거미도
이상하리만치 실들은 모두 흰색이다
그건 허방의 색, 공중이 스며든 색이 아닐까
공중의 색에는 여러 종류의 날개가 걸리고
바람도 걸린다
바람은 모든 것들의 날개라서
흔들리면서 들킨다

이웃의 목수가 죽고 바짝 마른 실이 감긴 거미 한 마리가 발견되었다 거미는 세습을 모르는 존재, 부자간에도 일을 가르치지 않는다 거미줄이 지나간 곳마다 서까래가 걸리고 대들보가 걸리고 온갖 망치 소리와 톱질 소리가 걸리곤 했다

튕겨진 먹줄을 따라
수십 개의 날카로운 이빨이 지나가고
이빨 자국마다 요철이 생겨났다

凹와 凸에 맞춰 못 하나 사용하지 않은 집은
백 년 동안 사람에게 묶인다

평생 집을 짓지만
자신의 명패를 달 수 없는 집
공중에 주소를 두는 일은
어디에도 없다는 뜻이다
끈끈이 줄로 돌돌 감아 먹어 치운 것은
날개가 아니라 허공의 요철들이었다
줄 위의 식사
허공의 이빨 틈새로 톱밥처럼 부서져 내리는 햇살
족족 거미줄에 걸린다

## 바다 위를 걷는 파도

허물을 벗으며 바다 위로 걸어오는 파도
영금정 바위에 허물을 하얗게 벗어놓고 되돌아간다

나는 파도처럼 허물이 많은 사람
부서지기 쉬운 마음을 가진 사람
높이를 알 수 없는 파도를 만날 때마다
나는 나를 위한 신을 만들고 의지하며 살았다
허물 많은 사람이 만든 신은 더 허물이 많아서
종종 나를 배신하거나 부숴버리곤 했다

그런 날은 영금정에 와서 우두커니가 된다

파도 속으로 사라졌다 물 위로 떠오르기를 반복하는
갈매기 한 마리
마음 졸이며 바라보는데
도통 물 위로 날아오를 생각을 하지 않는다
나도 따라 한 점이 되어
바다 위를 떠돌거나 파도에 휩쓸리거나

영금정 기둥에 기대서서 눈을 감으면
바다의 속마음을 길어 올리는 거문고 소리
척추를 타고 서늘하게 울린다

파도 위를 걸어와 손 내미는 사람
그 손을 잡았는지
파도 속을 드나들던 날개 한 벌
날아오른다
날개 속에는
바다처럼 허물 벗은 하늘과 구름이 들어 있다

# 여뀌

보일 듯 말 듯 꽃 피고 간 척박한 초본抄本 여뀌. 어쩌다 계절을 깨달아서, 파란과 추위를 돌볼 줄 알아서, 계절 쪽으로 색이 먼저 번지는 식물이다. 물을 흉내 내는 듯싶다가도 어느새 불길을 흉내 낸다. 기껏, 번지는 마음이라는 것 어느 계절 끝에서 멈추거나 다시 돌아서는 풀들과 같다는 충고를 여뀌에게 들은 적 있다.

여뀌는 그 딸린 주변이 넓어서 돋보이는 꽃이 아니다. 처음부터 저렇게 가늘고 가는 꽃대를 택한 이유도 언제든 주변으로 번져 가려 그랬을 것이다. 그러니 번진 마음들 여뀌 군락지에서 멈춰도 무방하다.

방향을 몰라서 돌리지 못한 선두가 누구에게나 있다. 나는 또 사람이어서 겨우 돌아서는 일로 선두 바꾸는 일을 아무렇지도 않게 했다. 그때마다 꽃방망이처럼 후들거리던 발목, 가쁜 숨은 겨울나무처럼 외로웠다. 여뀌를 짓이겨 물에 풀어 놓으면 배를 허옇게 드러낸 채 물 위에 떠 오르던 물고기들, 그 물고기를 줍다 잃어버린 신발이거나 마을 어귀에 핀 여뀌꽃을 세다가 밤을 새워버린 도깨비처럼 갸웃

거리는 꽃 사이에서 서성이던 때가 있었다.

십자무늬긴노린재가 여뀌꽃에 앉아 숨을 고른다. 꽃방망이 가볍게 흔들린다. 흔들리는 이유들이 꼭 저들만의 일이 아닐 때가 많다. 여기부터 저기까지의 거리를 가늠하며 밤을 설쳤다면 여뀌들 옆에서는 꾸벅꾸벅 졸아도 좋겠다.

# 종단과 횡단 사이

실금은 안쪽을 버리고 있는 중인지
항아리 안쪽은 텅 비어 간다
붓으로 그린 난초를 가로질러 실금이 싹텄다
실금, 그 선 속엔
맞았거나 부딪친 일이 반드시 있다

횡단과 종단을 가로지르며
선 하나 가늘게 들어갔을 뿐인데
항아리를 두드려 보면
여러 갈래의 소리가 난다

아마도 항아리는 답답했을 거라
꽃피지 않는 난초에
실금을 키워서라도 꽃피우고 싶었던 거라
그래, 너 식물植物해라
누군가의 허락을 기다렸다는 듯
빗물만 고이면 실금은 무럭무럭 자랐던 거라

봄볕에 해바라기하는 햇간장

그 먹먹하던 짠한 맛에 구름도 파란의 하늘도
숯덩이 마음도 함께 익어간다

한 잎 두 잎 실금 사이에서
난蘭 꽃이 핀다면
와장창,
다시 시작하는 끝장도 있다는 것

# 안개섬

안개에 휩싸인 터널은 안개 아가리다
슈베르트의 숭어가 뛰노는 자동차 한 대
그리로 사라진다

뿌리를 지운 산들은 공중의 섬이 되었다

저 안개는
산들의 한숨일까
신들의 입김일까

산도 신도 은밀해지기 쉬운 새벽

산은 어디론가 훌쩍 떠나보고 싶다고
신에게 기도하고
신은 안개의 손을 펼쳐 다독인다
네가 있을 곳은 네가 있는 자리니
해 뜨기 전에 얼른 다녀오라고
어느 날은 정오가 넘도록 입김을 거두지 않는다

산과 산 사이에서 배어 나오는
밀가루 풀 같은 안개에 묻혀
나는 왜 섬이 되어 떠나고만 싶어 했는지
너는 왜 나를 매어놓으려고만 했는지
풀 먹인 옷처럼 빳빳해진 생각
터널을 빠져나온다

거울같이 맑은 강에는 물고기가 살지 않는다고
안개 속을 헤엄치던 숭어는
호수 위 백조의 날개가 되어 날아간다

## 접속사를 고르다

사람은 사람이 접속사다

설명할 수 있는 존재들
나무들은 초록을 근거로 설명하고
물은 물소리를 저 아래로
내려보내는 것으로 설명한다

사람은 긴 시간 동안 사람을 이어 왔다

풀로 붙인 편지 봉투처럼
한 번 쓰인 접속사는 떼어내기가 쉽지 않다
그리고, 나뭇잎처럼 피어나고
물소리처럼 흘러가는 속성이 있다
그래서, 긴 설명의 끝에는
언제나 수긍하는 말들이 아름다웠고
짧은 설명에는 명쾌한 말들이
다음, 그 다음을 이어갔다

그러나, 반전의 문장은 늘 호흡을 가쁘게 만든다

무릎을 치는 감탄사가 등장하는가 하면
뒤통수를 치는 절망의 표정들이 들어 있기도 하다
한 권의 책에는 무수한
접속사들로 페이지가 묶이고
일생을 설명하는 사용설명서 같이
첨부된 인간관계들이 있다

읽다가 덮어 버리는 책처럼
여러 번 읽어도 잘 모르겠는 사람
접속사를 넣거나 빼도 잘 연결되지 않는 사람이 있다
그럴 땐, 고열과 구토를 동반하는 문장을 삭제해 본다
그러니까
명사와 동사로 이루어진 시처럼
담백한 인간관계를 꿈꾸는 것이다

## 창령사 터 오백나한

빗소리를 무릎처럼 베고 누워 이야기 듣는다
천둥을 동반한 빗소리가 날개 털며 소란스럽다
천둥처럼 생각 한 토막 날려버리고 나면
다시는 돌아보지 않으리라, 맹세했던 마음도
눈코입 뭉개지듯 뭉개지고 만다

돌 속에서 할머니의 미소를 캐내는 일
거친 질감의 세상사를 듣는 일이 어디 그리 흔하겠는가
비를 다 토해내지 못한 구름도
처마 가까이 내려앉아 함께 이야기 듣는다

납작한 돌멩이를 누군가 쌓은 돌탑 위에 얹으며
목이 잘려 나간 나한이 이야기한다
목이 잘린 사유를
눈코입이 뭉개진 사유를, 다 이야기하진 않지만
사는 게 다 그런 거지
희로애락과 생로병사의 계곡에서
울어보지 않은 사람 어디 있겠는가
가사를 두르고 가부좌 틀고 앉는다고 사라질 번뇌가 아

니다

세상의 표정이 다양해서 돌의 표정도 다양하다
살며시 눈을 뜬 채 선정에 든 나한
바위 뒤에서 조심스럽게 세상을 내다보는 나한
이마가 튀어나오도록 화가 난 나한

생각을 바꾸면 세상이 달라 보이지

내 속에 존재하는 나한의 음성을
빗소리처럼 쓰다듬다 보면
단단한 돌 속에도 미소가 생긴다

# 기출문제집

텃밭은 기출문제집이다

봄, 여름, 가을, 겨울
매번 비슷한 유형의 문제가 출제된다
콩 심은 데 콩 나고 팥 심은 데 팥 난다
같은 공식이 적용된다

가끔, 꼬아서 내는 날씨 문제에 발목이 걸릴 때도 있다
5월 중순쯤 모종을 심어야 하는 기출문제를 풀었음에도
4월 말에 체크한 호박, 토마토, 고추 모종은 모두
냉해라는 빗금을 맞고 낙제하였다

백발백중, 상위권 수확, 비상 이라는 제목의 모종
다시 풀어 본다
호미로 밑줄 긋고 덧칠하듯 옮겨 심은 모종은
동그라미 가득한 성적표를 내어 줄 것이다

옥수수를 수확한 텃밭에 김장배추 심고
하지가 되면 감자를 캐고

삼복이 나가기 전 들깨 모종 심어야 한다
초보 농사꾼은 중요한 문장 되뇌며 열심히 문제집을 푼다

엉덩이에 매달린 농사 의자는 기출문제의 핵심이다

어디든 쪼그려 앉는 곳이 일터인 텃밭에서
무릎과 허리, 그 삐걱거리는 무게를
수더분하게 받아주는 농사 의자
두 개의 고리를 양다리에 꿰면 엉덩이에 딱 붙어
움직이는 대로 따라다닌다

서둘러 선행학습을 하거나 추월할 필요가 없다
텃밭이라는 문제집
계절의 시간표 따라 천천히 행간을 누빈다
빨간 엉덩이로

# 제4부

## 공복의 숲

겨울 숲은 공복이다
바람이 손가락을 깊숙이 밀어 넣어
마른 잎들을 토해 놓으면 나무들은 비문이 된다
무엇을 먹어도, 먹지 않아도
소화되지 않는 문장들
아름다운 잎과 꽃을 달고도 열매가 되지 못하는
문장들이 나무에게도 있다
왕성했던 식욕을 접고
나무는 몇 달째 속을 비우고 있는 중이다

선 자세로, 밤낮없이
비어 있는 속을 들여다보거나
두 손을 들고 통성의 기도를 올리는 일이
이 계절의 나무가 할 일이다
시집 한 권 세상에 내놓았다가 회수해서
모두 불태워 버렸다는 시인도
이 계절, 자신의 내부를 들여다보고 있을 것이다

바늘 끝 같은 소나무 잎들로 채운 등산로

소나무가 버린 말들이
발밑에서 부서진다
누군가 팔짱을 끼고 앉아
바늘 끝처럼 버린 말
나의 숲에 들어와 겨울나무처럼 서 있다
어느 가지를 잘라내야 이 무게를 감당하나
자존심의 무게와 현실의 무게를 놓고 저울질하다 보면
씹히지 않는 날것의 밤이 푸석하게 익어가고

산 사람은 살아야지
밥숟가락을 쥐어 주던 핼쑥한 얼굴의 햇살
공복에 맨밥을 삼키는 일은
찔린 가시를 밀어내는 일이어서
씨눈 같은 문장을 만드는 일이어서
공복의 숲은
맨밥 같은 눈송이들로 허겁지겁 속을 채우고 있다

# 사철나무

엄마를 심은 무덤가에서 사철나무 두 그루 모셔 왔다
새로 산 운동화에 그 나무를 심었다

산촌에서 태어나 산기슭에 묻혔으니
나무로 다시 태어나도 이상하지 않겠다
나무에게 산은 떠날 생각조차 해서는 안 되는 곳이어서
그 흔한 여행 한 번 해본 적 없는
서른아홉 살, 엄마

나무는 수천 개의 귀를 등처럼 내어 걸고
바람의 바스락거림에도 잎사귀를 기울였을 것이다
산 너머의 세상을 궁금해하며
형벌 같은 생을 선 채로 견디었을 것이다

사철 푸른 표정으로 자식들의 낯빛을 살피던 엄마
나뭇가지처럼 마른 두 발에 신발을 신겨드린다
새보다 멀리 떠나가 보라고
가슴 터지도록 거리를 뛰어보고
치맛자락 감아올리며 춤추어 보라고

사철나무가 가고 싶은 곳은 어딜까
떠나본 적 없어서
너무 일찍 떠나서
떠나는 방법조차 모르면 어쩌나

잎사귀가 첫눈처럼 떨어지는 저녁
누군가 서성이는 발소리를 듣는다

# 법

낙법을 가르쳐주는 사람이 있네
넘어지는 순간
바닥이 되는 법을 가르친다네
한술 더 떠서
바닥을 몸속으로 구겨 넣는 법을
몸소 실천한다네

햇살이 바퀴가 되어 굴러가는 공지천 가에서
자전거 꽁무니를 잡았다 놓았다 하며 아이를 따라가는 사내
어느 순간, 두 손을 놓고 소리친다네
— 아빠가 잡고 있어
안심에 의지해 굴러가는 햇살 바퀴

잘 넘어지는 일은
툭툭 바닥을 털고
직립으로 일어서는 일과 같다네

넘어진 아이를 일으켜 세우며

엄지손가락을 쳐드는 사내

넘어지고도 웃는 법
넘어지고도 자랑스러운 법
법이란 넘어지거나 서서 달리거나 모두
사람을 위한 것이라네

바닥은 부러지거나
깨져서 피를 흘리지 않는다네

# 트로반트*

자라는 것은 갈라지는 것인가요
뭉쳐지는 것인가요

냇가에서 손바닥만 한 석영을 주운 적 있습니다
수정은 물을 주면 자라는 특성이 있다기에
어린 나는 날마다 물을 주며 기다렸습니다

머리맡의 돌은 좀처럼 자라지 않았지만
상상 속의 돌은 물 댄 동산 나무 같이 잘 자랐습니다
실핏줄이 돌고
맥박은 어찌나 힘차게 뛰는지
태아의 심장 소릴 듣는 것처럼 흥분되었습니다

빗방울이 빗방울끼리 뭉치며 자라듯
바위는 바위끼리 뭉치면서 자라고
트로반트, 그 단면을 자르면
지문 같은 나이테가 보이기도 했습니다

경금의 사주를 지닌 나는 바위를 닮았다고 합니다

바위를 닮아 변함없고 책임감 강하지만
남자를 깔고 앉는 형국이라고 하네요
바위에 깔려 낑낑대고 있을 그 사람을 생각하면
가을바람 같은 쓸쓸함이 지나가곤 했습니다

내 바위의 크기는 얼마나 될까요
노을 지면 연보랏빛 환상에 잠기는 울산바위나
구름의 놀이터가 된 금강산 일만 이천 봉쯤은 되고 싶은데

냇물에 머리를 푼 구름이 바위를 이고 흘러갑니다
매일 자라는 바위의 엉덩이가 아무리 무거워도
저 구름만 있다면
이번 생의 나들이는 얼마나 가벼울까요

자라는 것은 흩어지는 것인가요
뭉쳐지는 것인가요

육각-피라미드 모양의 석영이 자라
성城의 기둥이 되고 지붕이 되었습니다

허공으로 떠오르기 시작한 성은
깃털 구름처럼 흩어지기도 하고
양털 구름처럼 뭉쳐지기도 합니다

* 루마니아 블체아에 있는 자라나는 돌

# 크레바스

금金으로 생긴

너와 나 사이의 금

얼음덩어리인

서로의 살을 파먹으며

천둥처럼 멀어진다

# 은둔

잠에서 깨어보니 거대한 벌레가 되어 있었다 그레고르 잠자의 이야기가 아니다. 몇 번의 좌절이 몇 개의 마디가 되어 딱딱한 껍질로 덮여 있는 몸, 몸을 일으켜 세우려 발버둥을 쳤지만 턱없이 가는 여러 쌍의 다리는 싸늘한 방안의 표정에 시리기만 하였다.

벌레를 보는 눈빛
벌레를 씹은 말투는 급류였다
휩쓸려 가다 겨우 잡은 나뭇가지 같은 방

머리를 무릎에 묻고 몇 시간째 앉아 있거나
침대에 누워 다리를 꼬고 흔들어 보거나
눈이 감길 때까지 게임에 몰두하다 보면
곤충채집 통 같은 방안은 감옥이면서 자유의 세상이다

천장까지 기어 올라가 바닥을 내려다본다
우물처럼 깊은 바닥도 거꾸로 보면 천장
천장에 붙어 있는 침대, 책상, 의자는
언제 떨어질지 모르는 불안이다

방 안에서 밖으로 나가는 문턱은 높은 미로
문 앞에 놓아둔 밥그릇만 잽싸게 끌어들인다

어떤 성공은 단맛 나는 꿀사과지만
어떤 실패의 끝에 달린 상심의 그림자엔
벌레가 들어 있었고
주먹만 한 사과가 등 뒤로 날아들었다
등에 꽂히는 곤충 핀 같은 시선과 손가락질
거칠게 자란 머리카락은 담쟁이처럼 뻗어나가 문고리에 감겼다

등에 꽂힌 사과가 썩어 냄새를 풍기기 시작한다
검은 커튼 뒤에 숨어서 느린 숨을 몰아쉰다

누군가 저 커튼을 걷어 주었으면
누군가 혼자가 아니라고, 괜찮다고, 말해주었으면
누군가 방문을 열고
노란 나비 한 마리 날게 해 주었으면

물음표처럼 달린 백열등을 바라보다 다시 잠이 들었다

# 공지천

색깔을 놓친 꽃나무가 되는 날은
공지천에 나가 우두커니가 된다

MBC를 지나 의암댐 방면으로 걷다 보면
노을을 어깨에 걸치고 앉은 삼악산
찰방거리며 발 씻는 소리 들린다

계절의 발자국을 흘려보내고
무수한 새 떼와 나무와 바람이 빠져나간 강물
물갈피마다 별가루처럼 반짝이는 것들을 기록하는 햇살이나
호수의 파수꾼 같은 서면의 마을을 바라보고 있으면
부르튼 마음의 통증이 가라앉아
엄마의 자궁 안처럼 편안해진다

호수에 잠긴 구름의 뒤꿈치를
부리 끝으로 툭툭 건드려 보는 청둥오리
가고 오는 것이 사람만의 일은 아니어서
강물도 혼자 뒤척일 때가 있는 것이다

대나무처럼 속이 허한 날은

공지천 물결이 되어 어디든 흘러가고 볼 일이다

## 변신 돌멩이

돌멩이가 줄을 선다
돌멩이 뒤에 우산이
우산 뒤에 배낭이
배낭 뒤에 물병이
물병 뒤에 여러 개의 돌멩이가 열과 행을 맞춘다
춘천역 광장, 무료 배식을 기다리는 돌멩이들

만나고, 떠나고, 환승하고
돌 들고 구호를 외치던
파란의 역을 지나
이제는 돌아와 돌멩이가 된 할머니 할아버지들
가슴에서 사리가 된 돌덩이를
분신처럼 꺼내 놓고
그늘로 사라진다

화산이 뿜어내는 탄산수소나트륨으로
새가 돌이 되는 나트론호수같이 뜨거운 여름 광장
목을 구부린 채
건드리면 부서질 것 같은 새

먼 곳을 바라보며 날개를 가슴에 모으고 있는 새는
어쩌면 돌탑을 쌓던 할머니 손이었는지 모른다

차례 없는 차례를 기다리는 돌멩이들은
움직이지 않는다
그림자조차 삼켜버리는 뙤약볕
할아버지로 변한 광장의 돌멩이가
절뚝이는 걸음으로 식판을 받아 든다

## 발산초등학교

운동장엔 토끼풀꽃이 발자국처럼 찍혀 있다
하얀 운동화 신은 토끼 몇 마리 뛰어갔는지

꽃다지와 꽃마리가 진 자리
노랗게 피어나는 추억을 한 컷씩 찍으며
고들빼기꽃 화단을 흔들고
스피커 안엔 참새가 둥지 틀었다
수업의 시작인지 끝인지 모를 종소리
수시로 퍼져나가고 있다

스피커에서 애국가가 흘러나오면 순간 얼음이 되어 가슴에 손을 얹곤 했다. 국기에 대한 경례를 하지 않은 친구를 공산당이라 놀리다 운동장을 뒹굴며 싸우기도 했었다. 고무줄을 끊고 달아난 아이를 선생님께 이르며 흘겼던 눈동자는 흰 구름 되어 흘러가고 있다. 층층나무 그늘에선 땅강아지가 될 때까지 땅따먹기나 비석 치기를 하며 놀기도 하였는데

땅따먹기도 시들해지고

비석 치기에 더 관심이 가는 나이

운동장 끝에선
며칠 전 출산한 길냥이를 따라다니며 희롱하는 수컷 길냥이
발 구르며 야단쳐도
고등어살로 유혹해도 소용이 없다
토끼풀꽃 사이에서 뒹굴다
다시 쫓고 쫓기며 어디론가 사라진다

만물의 에너지가 아지랑이로 출렁이는 봄
이민정책만이 살길이라는 신문 기사를 뚫고
쑥대가 올라선다

허리 굽은 유모차 한 대
폐교 운동장을 지나 천천히 마을로 스며들고 있다

## 개미와 비둘기 깃털

개미 한 마리가 비둘기 깃털을 물고 갑니다
자신보다 백배도 넘는 깃털 펜
그림자가 직각으로 깃털을 받쳐줍니다

깃털이 내가 지고 가야 할 운명이라면
그림자는 내 시詩를 받쳐주는 힘

씻김굿 하듯
내 안의 그림자 하나씩 불러내어 춤추는 밤이면
내 그림자가 나를 위해 울어주고
내 그림자가 내 등을 토닥여 줍니다

어둠의 깃을 찢으며 길 달리는 밤
그런 밤이면
발바닥에 핏방울이 맺혀도 좋았습니다

그림자도 날개처럼 가벼워집니다

미루나무처럼 흔들리는 비둘기 깃털 곧추세우고

오체투지로 기어가는 개미
실핏줄 같은 다리가 파르르 떨립니다
밥도 되지 못하는 저 펜을 물고 어디로 가는 걸까요

펜의 무게에 개미의 온몸이 흔들립니다

# 무늬라는 짐승

짐승들의 무늬를 따라
설산과 밀림이 나뉘었을 것이다

주변을 먹지 못하는 짐승들은
무늬 없는 캄캄한 밤을 뒤지거나
은밀한 시간을 찾아 잠든다

비가 내리고 가속페달을 밟을 때마다
더 깊게 패던 진창
진창을 빠져나오려 몸부림치는
구불구불한 헛바퀴들
처음도 끝도 잃어버린다

풀들이 말라가는 건기엔 그늘도 말라간다
꼬리를 높이 세우고
설산의 비탈을 무리 지어 달리는 짐승의 무리
죽은 짐승의 사체를 둘러싸는 무리처럼
마른 진창 주위엔 직립보행의 무늬들
아직도 서성거리고 있다

진창이 되어
함께 진창을 밀고 끌며 빠져나온 무늬들
불안의 눈빛으로 뒷발을 세우고 있다

대물림이란 남겨진 흔적일까
비가 그치고 웅덩이에 비친 그림자가
진창을 끌고 달아난다

쨍쨍한 햇볕 아래 어지럽게 엉킨 무늬들은
꼼짝없이 제 엉킴에 갇혀 있다

## 신과 발

신발은 신과 발이 함께 걸어온 흔적
신은 나의 발을 감싸고
나의 발은 신이 가고 싶은 곳으로 신을 안내하였다

신을 벗으면 발까지 벗겨진다
르네 마그리트가 벗어놓은 발을 책상 앞에 걸어 놓고
내가 걸어 온 발에 대하여
앞으로 데리고 가야 할 신에 대하여
생각하고 있다

신은 반발할지 모른다
내가 너를 여기까지 데리고 온 것이라고,
그래도 괜찮다
신은 신이 아니어서
신에 대한 불경이 아니라고 신을 다독여 준다
아니, 내가 발 디딘 곳 어디에나 신이 있었다고
진심의 고백을 한다

한겨울 등굣길
아궁이에 따뜻하게 신발을 데워

댓돌 위에 얹어놓던 아버지의 손이
어린 내겐 신이었다
그 신을 신은 나의 발은
춤추듯 가벼웠고
눈 내린 등굣길에선 뽀드득뽀드득 웃음소리가 쏟아졌다

손바닥에서 쏟아져 나오는 개미 떼들이
사방으로 흩어진다
개미 한 마리가 또깍또깍 하이힐을 신고 도착한 세상에서
부르트고 물집 잡힌 발
나의 신은 발바닥에 못이 박히고 옆구리가 찢어질 때까지
나의 발을 감싸 주었고 발 디딜 곳을 지켜주었다

무릎을 갈아 끼우고
치아를 갈아 끼우며
낡아가는 나의 신,발

흙을 털고 물기 말린 발의 신을
르네 마그리트 그림 속에 다시 넣어
조용히 책상 앞에 걸어 둔다

# 상실의 시, 그리움의 언어

고봉준
(문학평론가, 경희대 교수)

없어도 있는 자리는 그리움

있어도 없는 자리는 외로움

빈자리가

나를 아프게 한다

—「빈자리」 전문

시인은 앓는 존재이다. 그녀는 그리움을 앓고 있어서 아프다. 송연숙의 시는 상실을 경험한 사람에게 그리움이 왜, 어떻게 고통이 되는가를 보여준다. 소중한 대상을 잃어버린 사람은 세상 모든 것에서 자신이 상실한 대상의 흔적을 발견한다. 이 부재하는 대상은 "없어도 있는 자리"와 "있어도 없는 자리"라는 말처럼 현존과 부재의 양극을 잣대로 작동하는 존재론적 판단을 혼란스럽게 만든다. 상실은 있는 것(존재)과 없는 것(부재)의 경계를 흐릿하게 만들기 때문이다. 어떤 대상에 대한 그리움은 "없어도 있는 자리"의 논리를 따르는데, 그것은 현존하지 않지만 부재로 간주되지 않는, 즉 대상이 비非현존의 방식으로 존재하기 때문에 생기는 감정이다. 반면 외로움은 어떤 대상이 현존하고 있음에도 불구하고 심리적으로는 부재하는 상태로 경험될 때 발생하는 감정이다. 이처럼 그리움과 외로움은 대상의 '빈자리(공백)'라는 증상을 공유하고 있지만 그 성질은 정반대이다. 송연숙의 이번 시집을 관통하는 주조主潮는 '그리움'이다.

일상日常은 관념이 아니라 구체적인 사건, 장면, 대상, 언어 등으로 구성된다. 거기에는 시인의 생활세계와 삶의 리듬, 그가 살고 있는 세계의 주변 풍경, 그리고 그 세계를 감싸고 있는 다양한 인물과 언어가 포함된다. 이처럼 우리는 자신을 둘러싸고 있는 세계와의 관계를 조율하면서 살아간다. 그런데 이 관계는 물리적인 것에 근거하면서도 결코 물리적인 관계에 한정되지 않는다. 우리를 둘러싸고 있는 세계에는 물리적인 법칙으로 설명되지 않는 것, 그리고 언어로 표현하기 어려운 것이 많이 존재한다. 그곳은 물리적인 세계이면서 동시에 심리적인 세계여서 시인은 그 세계의 사물과 마주할 때마다 거기에 상실의 감정을 투사한다.

> 곱사등처럼 웅크린 시간을 편다
> 추곡약수터 가는 길
>
> 살금살금 다가가 두 눈을 가리고
> 누구게, 하고 물으면
> 화들짝 놀라 향기를 쏟아놓던 노란 스웨터
> 봄이면 지천으로 피는 생강나무꽃처럼
> 그리움의 팻말을 건 사람 걸어 나온다
> 꼬리를 치켜세우며 다가오는 고양이처럼 선명하다
>
> 무릎을 접고 앉아 약수를 펴 올린다
> 그만큼의 속도와 양으로
> 줄지도 넘치지도 않고 고이는 사람
> 무릎처럼 깨진 시간의 빈자리를 호호 불어준다
> 만병통치 약손으로 아픈 배 슬슬 문질러
> 온몸 환하게 불 켜 주던 사람
> 한 사람이 한 사람의 우주이고 집이었다는 걸
> 늦봄처럼 깨닫는다
>
> 생강나무 손을 잡고 약수터에 나들이 온 봄

나뭇잎에 햇살 비벼 널며 파랗게 물오른다
이 소박한 나들이에도
꽃잎 웃음 터트리며 즐거워하던 엄마
서른아홉에서 멈춰 선 그녀는
사진 속 봄꽃처럼 시들지 않는다

물방울이 스며 약수터 바위 색을 붉게 바꿔놓았다
간절히 불러도 소실점처럼 사라지는 이름
알싸하게 쏘는 약수가 빈속을 훑고 내려간다

―「생각나무」 전문

송연숙의 시는 '나무'의 상상력에 기대고 있다. 그녀의 시에는 유독 '나무'와 '꽃'이 자주 등장한다. 이러한 자연적 대상들은 시인의 일상, 그녀가 살고 있는 세계의 모습을 알려주는 기호이다. 첨단을 추구하는 세계가 아닌 곳, 자연과의 관계를 통해 생활세계를 구축한 흔적이 남아 있는 곳, 시인은 이 세계에서 태어나 지금까지 살아왔다. 시인에게 세상은 도시 문명으로 상징되는 인간의 전유물이 아니어서 거기에서 인간은 새, 강, 옥수수, 숲 같은 자연적 세계와 다양한 관계를 맺으며 살아간다. 시인의 관심이 자연적 대상에 집중되는 것, 특히 비유와 상상력이 자연을 매개로 전개되는 현상은 이러한 세계 감각의 산물이라고 이해할 수 있다. 인용시에 등장하는 '생강나무꽃'도 그 가운데 하나이다.

그런데 이 시의 제목은 '생강나무'가 아니라 '생각나무'이다.

게다가 여기에 등장하는 '생각나무'는 실제 존재하는 식물이 아니라 시인이 만든 가상의 나무인 듯하다. 왜 '생강나무'가 아니라 '생각나무'일까? 그것이 바로 우리가 이 시를 읽으면서 집중해야 할 부분이다. 시인은 어느 봄날 약수터를 방문했다. 도입부에 등장하는 "곱사등처럼 웅크린 시간을 편다"라는 진술은 봄을 맞이하여 약동하는 자연의 생명력을 표현한 것으로 이해할 수 있지만 "봄이면 지천으로 피는 생강나무꽃처럼/ 그리움의 팻말을 건 사람 걸어 나온다"라는 진술처럼 그것은 이질적인 시간의 출현을 표현한 것으로 읽는 것이 타당해 보인다. 시인은 약수터 가는 길에 생강나무꽃이 지천으로 피어 있는 장면을 보고 그것들이 '노란 스웨터' 같다고 생각했다. 그리고 이러한 감각적 경험은 곧바로 그녀를 "그리움의 팻말을 건 사람"이 걸어 나오는 낯선 시간으로 데려갔다. 약수터 가는 길에서 노랗게 핀 생강나무꽃과 마주하는 장면이 일상, 즉 '보행'에 해당한다면, 그 우연한 마주침을 통해 낯선 시간 속으로 들어가는 경험은 비일상, 즉 '춤'에 해당한다고 말할 수 있다. 이때 "곱사등처럼 웅크린 시간"이 펴진다는 것은 지금까지 애써 눌러놓았던 그리움의 감정이 불시에 솟아오른다는 의미일 것이다. 시인은 '생강나무꽃'이 자신을 누군가에 대한 그리움과 추억의 시간으로 이끈다는 사실에 착안하여 그것을 '생각나무'라고 표현한 것이다. 요컨대 이 그리움이라는 감정의 도래가 바로 제목에 등장하는 '생각'의 정체이다.

송연숙의 시에서 이 그리움의 대상은 "서른아홉에서 멈춰 선 그녀", 즉 '엄마'이다. 시인에게 '엄마'는 아무리 펴 올려도

줄지 않는 약수터의 물처럼 "줄지도 넘치지도 않고 고이는 사람"이다. 여기에서 고인다는 것은 그리움의 대상이 된다는 의미이다. 어린 날의 시인에게 '엄마'는 "한 사람이 한 사람의 우주이고 집"이라는 사실을 일깨워 준 유일한 존재였다. 그런데 만병통치의 약손으로 배를 문질러 주던 엄마, 소박한 나들이에도 꽃잎을 터뜨리며 마냥 즐거워하던 엄마, "사철 푸른 표정으로 자식들의 낯빛을 살피던 엄마"(「사철나무」)는 서른아홉의 젊은 나이로 시인의 곁을 떠났다. 시인은 이번 시집에서 이 부재하는 엄마에 대한 기억과 그리움의 감정을 반복적으로 표현하고 있다. 가령 「챗GPT에게 위로 받는 날」에서 시인은 '어버이날 아침'에 인공지능(AI)에게 "돌아가신 엄마의 음성이 듣고 싶어요. 엄마처럼 말해주세요."라고 요청한다. 「공지천」에서 화자는 보는 것만으로도 '마음의 통증'이 가라앉는 것을 느끼게 하는 풍경 앞에서 자신의 내면 상태를 "엄마의 자궁 안처럼 편안"(「공지천」)하다고 진술한다. 인간은 생물학적으로 '자궁 안'의 상태를 기억할 수 없다. 따라서 이것은 상투적인 관념의 표현에 불과한 것일 수도 있으나 시인이 가장 이상적인 상태를 "엄마의 자궁 안"이라고 인식하고 있다는 사실이 더욱 본질적인 것이다. 즉 시인에게 이상적인 상태는 '엄마'와 연결된다. 이처럼 한 시인의 시에서 반복적으로 등장하는 사건이나 장면에는 징후적인 의미가 있다. 그것은 우연한 반복이 아니라 시인의 리비도가 그 사건에 집중되어 있다는 것을 뜻하며, 나아가 그의 실존적 시간이 그 사건을 중심으로 흐른다는 것을 의미한다. 이런 점에서 "서른아홉에서 멈춰진 그녀는/ 사진 속 봄꽃처럼 시들지 않는다"라는 것은 비단 엄마의 죽음이라는 사건에 관한 진술만이 아니다. 그것은 엄마의 죽음으로 인해 시인, 즉 한 인간의 실존적 시간도 그 순간에 멈추었다는 뜻이다.

소쩍새가 망치를 두드려
후동리 밤하늘에 구멍을 내고 있어요
소쩍소쩍 두드린 자리마다
노랗게 별이 쏟아지는 걸 보니
아마 그리움을 건축하는 중인가 봐요

노랗게 황달을 앓으며
어머닌 별처럼 익어가셨어요
어느 구름에 비 들었는지 몰라요
아버지가 잘못 밟아 터져버린 먹구름 솔기
등으로 그 빗줄기를 묵묵히 막아내시던 어머니
아가, 세상사를 조심하거라
아 어머니, 당신의 구부린 등 안쪽은
언제나 따듯한 방이었고, 옷이었고, 밥상이었어요
조심조심 구름을 살피며 발걸음 옮기다 보니
어느새 저도 희끗한 정년의 머리카락이 보여요

잘 살았다는 안도의 숨을 돌릴 겨를도 없이
흰 구름 되어 떠나신 어머니

자식을 위해 구부렸던 등을
이제야 하얗게 풀어놓으시네요

소쩍새의 망치질 소리를 따라 세다가
솟아나는 별의 이마를 깨끗하게 닦아주다가
내 머리끝으로도 구름 한 자락
하얗게 내려앉는 들판이 보여요

— 「봄의 건축가」 전문

오스카 와일드의 소설 『도리언 그레이의 초상』은 두 개의 이질적인 시간에 관한 이야기이다. 이 소설에는 초상화 속의 시간과 초상화 바깥의 시간이 등장한다. 도리언 그레이는 화가가 그린 초상화를 보면서 초상화가 자기 대신 늙어주기를 희망한다. 도리언 그레이의 이 기도가 이루어짐으로써 초상화 속의 시간과 초상화 바깥의 시간이 분열되는 것, 즉 주인공이 영원한 젊음을 얻는다는 것이 이야기의 핵심이다. 송연숙의 시에서 '엄마'의 죽음 또한 시인의 시간 의식에 이러한 분열을 초래한다. 시인이 기억하는 '엄마'의 시간은 '나'에게는 유년의 시간이다. 따라서 '엄마'를 회상하거나 그리워할 때마다 시인이 유년의 시간으로 되돌아가는 것은 상식적이다. 시인의 현재는 "희끗한 정년의 머리카락이"(「봄의 건축가」) 보이는 나이지만 그녀의 실존적 시간은 여전히 '엄마'의 시간, 즉 유년의 어디쯤에 멈춰 있다. 이러한 실존적 시간의 고착 현상은 시인이 '엄마'를 회상할 때마다 '아이'의 정동(affect)에 휩싸이는 장면에서 확인된다. "아이가 된 나는 컴퓨터를 엄마처럼 껴안고 싶었다"(「챗gpt에게 위로 받는 날」)라는 진술에서 보듯이 그리움이라는 사건 안에서 시인의 실존은 이미-항상 '아이'의 시간을 향하고 있다.

하지만 현실의 시간은 실존적 시간과 전혀 다른 리듬으로 흐른다. 오래전에 "결혼과 출산을 통과"한 시인은 "줄 위에서는 누구나 혼자다 혼자여서 외롭다 외로워서 누군가가 그립다 그리워서 쓸쓸하다 쓸쓸해서 아프다"(「줄을 길이라 읽어요」)라는 진술처럼 그리움과 쓸쓸함의 시간을 거쳐 아픔의 시간에 도달했다. 이제 그는 자신을 "중심으로 자전과 공전을 하는 어린 행성들"(「눈길」)에 대해 "힘들고 궂은일은 모두 대신 짊어지겠다"라고 책임감을 표현해야 하는 위치에 이르렀다. 이러한 시간의 분열 현상은 '아버지'에 대해서도 비슷한 양상을 보인다. 현실의 아버지는 "햇빛과 풍경을 가려놓은 6인용 병실"에 누워 "바구니에 담겨 있는 알약들을 장복"(「집요한 알약들처럼」)하면서 살고 있는 병약한 존재이지만 '나'의 유년의 시간 속에서 아버지는 "아궁이에 따뜻하게 신발을 데워/ 댓돌 위에 얹어놓던 아버지의 손이/ 어린 내겐 신이었다"(「신과 발」)라는 진술처럼 전능한 존재로 머물고 있다. 시인은 이처럼 분열된 시간 속에서 살아간다. 그리고 시인이 도처에서 마주치는 시적 대상은 그리움, 즉 현재를 결핍의 시간으로 경험하고 있는 시인이 유년의 세계로 들어갈 수 있는 입구가 된다. 「봄의 건축가」에서는 "망치를 두드려/ 후동리 밤하늘에 구멍"을 내고 있는 '소쩍새' 또한 마찬가지이다. 시인에게 소쩍새의 울음소리는 "후동리 밤하늘"로 표상되는 현실에 구멍을 내는 상징적인 사건으로 다가온다. 사정이 이러하므로 이 구멍을 통해 쏟아지는 노란색 '별'은 두 개의 이질적인 시간을 연결해 주는 상징이라고 말할 수 있다. 하지만 두 개의 시간 사이에 존재하는 '균열'이 어느 한 시간의 완전한 소멸을 의미하는 것은 아니다. 시인은 두 개의 시간을 동시에 살아갈 뿐 전적으로 어느 하나의 시간에 속할 수가 없다. '그리움'은 바로 이 시간의 간극에서 발생하는 감정이다.

엄마를 심은 무덤가에서 사철나무 두 그루 모셔 왔다
새로 산 운동화에 그 나무를 심었다

산촌에서 태어나 산기슭에 묻혔으니
나무로 다시 태어나도 이상하지 않겠다
나무에게 산은 떠날 생각조차 해서는 안 되는 곳이어서
그 흔한 여행 한 번 해본 적 없는
서른아홉 살, 엄마

나무는 수천 개의 귀를 등처럼 내어 걸고
바람의 바스락거림에도 잎사귀를 기울였을 것이다
산 너머의 세상을 궁금해하며
형벌 같은 생을 선 채로 견디었을 것이다

사철 푸른 표정으로 자식들의 낯빛을 살피던 엄마

나뭇가지처럼 마른 두 발에 신발을 신겨드린다
새보다 멀리 떠나가 보라고
가슴 터지도록 거리를 뛰어보고
치맛자락 감아올리며 춤추어 보라고

사철나무가 가고 싶은 곳은 어딜까
떠나본 적 없어서
너무 일찍 떠나서
떠나는 방법조차 모르면 어쩌나

잎사귀가 첫눈처럼 떨어지는 저녁
누군가 서성이는 발소리를 듣는다

—「사철나무」 전문

이번에는 '사철나무'이다. 사철나무(Evergreen spindle)는 한반도 전역에 분포하는 대표적인 상록수 가운데 하나이다. 꽃말이 '변함없다'일만큼 사철나무는 일년내내 푸르름을 잃지 않는 것이 특징이다. "엄마를 심은 무덤가에서 사철나무 두 그루 모셔왔다"라는 도입부의 진술처럼 시인은 엄마의 무덤가에서 사철나무 두 그루를 가져와 "새로 산 운동화"에 심었다. 왜 시인은 나무를 '운동화'에 옮겨 심었을까? 그것은 이 나무들이 어디론가 떠나기를, 태어난 순간부터 지금까지 뿌리 내리고 있던 곳에서 벗어나기를 기대하는 마음 때문이다. 이 시의 시적 대상인 '사철나무'는 "사철 푸른 표정으로 자식들의 낯빛을 살피던 엄마"라는 진술처럼 '엄마'를 가리키는 기호이다. 즉 어느 날 엄마의 무덤을 찾은 시인은 그곳에서 '사철나무'를 발견하고 그것들을 집으로 가져와 '운동화'에 옮겨심는다. 시인은 사철 푸른빛을 띠고 한 자리에 붙박여 있는 사철나무를 보면서 그것이 "그 흔한 여행 한 번 해본 적 없는/ 서른아홉 살, 엄마"의 운명을 닮았다고 생각한다. 그리고 엄마가 그러했듯이 나무들 또한 "산 너머의 세상을 궁금해하며/ 형벌 같은 생을 선 채로 견디었을 것"이라고 상상한다. 시인의 상상 속에서 사철나무는 곧 엄마와 동일한 운명을 지닌 존재로 인식되고, 시인은 그 나무들이 현재의 장소에서 벗어나 "가고 싶은 곳"으로 갈 수 있게 하기 위해 그것들을 집으로 가져온 것이다. 사철나무에 대한 시인의 바람, 즉 "새보다 멀리 떠나가 보라고/ 가슴 터지도록 거리를 뛰어보고/ 치맛자락 감아올리며 춤추어 보라고"라는 진술은 욕망에 대한 긍정을 의미한다. 달리 말하면 시인은 '엄마'가 "그 흔한 여행 한 번 해본 적 없는" 것은 직간접적으로 욕망을 억눌렀기 때문이라고 믿는다. 그래서 시인은 엄마의 무덤 옆에 뿌리를 내린 사철나무가 '산'이라는 존재론적인 중력에서 해방되어 원하는 곳으로 떠나기를 기대하는 것이다.

시간을 거꾸로 세워놓고 땀을 닦는다
쉬지 않고 흘러내리는 한중막
시간은 좁은 통로를 빠져나와 모래 무덤으로 쌓인다

시계 안의 시간과 시계 밖의 시간이
몇 톤의 모래로 쌓여 나를 만들었을까
모래시계를 가볍게 들어 올려
거꾸로 툭 던져 놓으면 시간은 다시 봄이다

시계 밖의 봄을 시계 안으로 끌고 들어가
둥지 틀지 못하는 뻐꾸기
매시간, 얼굴 내밀고 그리 울지 말거라
겨울이 왔으니 봄도 오겠지
뻐꾸기 소리를 오려 내는 계절의 동산에도
언젠가 꽃 필 날 있겠지

토끼처럼 뛰어가는 시간의 귀를 잡기 위해
고양이처럼 파고드는 시간의 목덜미를 붙잡기 위해
한 땀 한 땀 수 놓듯이
허둥지둥 널 뛰듯이
한 방향으로만 돌아가는 아집의 초침들
시간의 앞머리가 흘러내리지 않게
시간의 허리춤이 흐트러지지 않게
나를 조여 매었다

팽팽하게 태엽을 조인 시간의 활시위
꼬리를 털며 막무가내 날아가지만
과녁은 빗방울의 중심처럼 쉽게 사라지기도 하였다

시간은 허술함이라곤 찾아볼 수 없는 난공불락의 성이다
두 귀를 내어놓거라
목덜미를 길게 내어놓거라
시계 밖의 시간은
냇물처럼 찰랑거리는 야유를 퍼부으며
한 줄, 말줄임표로 흘러간다

—「시간의 귀」 전문

송연숙의 시는 현재와 과거(유년) '사이'에서 진동할 때 빛난다. 그녀의 시에는 일상의 풍경과 시적 대상과의 조우를 통한 비일상의 경험, 결핍과 그리움의 정서가 강하게 드러나는 작품과 현재적 삶에 의미를 부여하려는 긍정적 태도가 공존하고 있다. 이러한 특징으로 인해 그녀의 시는 구심력보다는 원심력이 한층 강하다고 말할 수 있다. 다만 시적 대상이 식물성, 특히 '나무'에 집중되어 있다는 것은 기억할 부분이다. 그런데 송연숙의 시가 현재와 과거 '사이'에서 진동한다고 말할 때, 그때의 '사이'는 대개 실존적인 결핍의 문제와 연결된다. 현재적 시간의 질서를 뒤흔들면서 틈입하는 유년의 시간이 화자의 일상적인 리듬을 뒤흔들어 놓기 때문이다. 이러한 '사이'는 "겨울과 여름 사이에 봄이 있듯이/ 너와 나 사이에 봄을 끼워 넣고 싶어/ 시냇물이 흐르고, 새가 울고, 꽃이 피는/ 그런 봄"(「퇴계동의 봄」)에서의 '사이'와 확연히 다르다. 전자의 '사이'가 질서에 균열을 내는 비일상적 경험의 일종이라면 후자의 '사이'는 '봄'이라는 기호가 암시하듯이 균열을 봉합하는 긍정과 치유의 일종이기 때문이다. 이런 이유로 인해 송연숙의 시편들은 현재적 삶에 대한 긍정과 부정이라는 양면성을 모두 갖고 있다. 하지만 '사이'가 현실과 긴장 관계를 형성할 때 한층 커다란 울림을 가져오는 것은 부정할 수 없는 사실이다.

가령 「시간의 귀」에서 '시간' 인식이 그렇다. 시인은 지금 '한중막'에서 '모래시계'를 세워두고 땀을 흘리고 있다. 그녀는 시간이 "좁은 통로를 빠져나와 모래 무덤으로 쌓"이는 모습을 바라보면서 불현듯 두 개의 시간, 즉 '시계 안의 시간'과 '시계 밖의 시간'에 대해 생각한다. "몇 톤의 모래로 쌓여 나를 만들었을까"라는 질문이 바로 그것이다. 모래가 흘러내려 쌓이는 장면은 시간이 모래처럼 쌓이는 것이라는 인식을, 그리하여 자신의 나이를 계량하기 위해서는 얼마나 많은 모래가 쌓여야 하는가에 대한 궁금증을 유발하기도 한다. 하지만 '시계 안의 시간'은 "모래시계를 가볍게 들어 올려/ 거꾸로 툭 던져 놓으면 시간은 다시 봄이다"라는 진술처럼 언제든 리셋reset할 수 있지만 불가역적으로 흘러가는 '시계 밖의 시간'에 대해서는 그럴 수가 없다. 시인은 자신이 "토끼처럼 뛰어가는 시간의 귀를 잡기 위해/ 고양이처럼 파고드는 시간의 목덜미를 붙잡기 위해" 발버둥 치면서 살아왔다는 사실을 깨닫는다. 하지만 시인이 그 노력 끝에 도달한 곳은 "시간은 허술함이라곤 찾아볼 수 없는 난공불락의 성이다"라는 인식이다. 불가역적인 시간과의 싸움은 승산이 없다. '시계 밖의 시간'은 시인에게 "두 귀를 내어놓거라/ 목덜미를 길게 내어놓거라"처럼 소중한 어떤 것을 포기할 것을 요구하면서 쉼 없이 흘러간다. 송연숙의 시에서 이 불가능성에 대한 인식은 대개 "내 속에 존재하는 나한의 음성을/ 빗소리처럼 쓰다듬다 보면/ 단단한 돌 속에도 미소가 생긴다"(「창령사 터 오백나한」)처럼 현재적 삶에 대한 긍정이나 "명사와 동사로 이루어진 시처럼/ 담백한 인간관계를 꿈꾸는 것이다"(「접속사를 고르다」)처럼 관계에 대한 지향으로 귀결된다.

먼 길 걸어 도착한 이곳

두 손을 높이 들고 뒤돌아서거나
벤치에 다리를 꼬고 앉기도 하고
두세 명씩 어울려 브이나 손 하트를 그리며
우리는 사진을 찍었다
배경엔 신전의 기둥처럼 하늘을 향한 서어나무가
빽빽하게 서 있었다

몇 년 만에 만나도 어제 본 듯 잘 통하고
무슨 말을 하여도 동티가 안 나는 옛친구 같은 숲길
서어나무는 그림자를 꺼내
그늘을 만들고 유월의 햇살을 가려주었다

단짝 친구의 손을 잡았을 때 느껴지는 굳은살의 단단함

단단하게 쌓아 올린 삶의 여정이 내 손끝으로 전해졌다
이야기 끝마다
참 고생 많았다, 대단하다
서로 고개를 끄덕이며
우리는 사려 깊은 나무가 되어 걸었다

가끔 방귀 뀐 친구 이야기나
아무짝에도 쓸데없는 시시한 이야기를 나누며
폭포처럼 웃음을 쏟아놓기도 하였다

나무 기둥을 안고 하늘을 올려다본다
방사선으로 퍼지는 나무의 틈을 맑은 하늘이 메꾸고 있다
나무는 제 그림자를 사다리처럼 길 위에 걸쳐 놓았다
해지면 사라지는 사다리를 밟으며
우리는 여기까지 걸어온 것이다

사려니 숲에서
우리는 모두 숲이 되었다
다정한 어둠이 내릴 때까지

— 「사려니 숲」 전문

송연숙의 시에서 '나무'의 상상력은 어디까지 이어질까? 시집의 첫 페이지에 실려 있는 「우주나무」에서 시인은 '고양이'와 '나무', 즉 동물성과 식물성을 결합하여 '우주나무'라는 새

로운 시적 대상을 제시하고 있다. 시인에게 '나무'는 "고양이의 부드러운 시절을 품기나 했다는 듯/ 하늘로 가뿐하게 뛰어오르는 나무"라는 진술처럼 고양이의 속성과 형상을 지닌 대상으로 다가온다. 허공을 향해 가지를 뻗어나가는 역동적인 모습이 마치 고양이가 높은 곳으로 도약할 때와 흡사하다고 느꼈기 때문일 것이다. '나무'의 상상력과는 질감이 완전히 다른, 사물에 '고양이'의 속성을 투사하는 이런 상상력은 특히 시집의 초반부에 집중적으로 배치되어 있다. 가령 옷에 묻은 솔잎을 "고양이 털 같은"(「우주나무」) 것이라고 말하거나, 시간의 흐름을 가리켜 "고양이처럼 파고드는 시간의 목덜미"(「시간의 귀」)라고 표현하는 대목이 대표적이다. 아마도 이러한 비유 방식은 시인이 고양이와 함께 생활하기 때문에 등장했을 것이다.

이처럼 상상력은 시인의 생활세계와 무관한 것이 아니라 현실의 시적인 변용을 통해 형성되며, 따라서 상상력에는 이미-항상 일상의 흔적이 남아 있기 마련이다. 앞에서 우리는 송연숙의 이번 시집이 '나무'의 상상력에 근거하고 있다고 말했다. 그렇다면 '나무'의 상상력은 어느 방향으로 나아갈까? 이 물음과 관련하여 주목할 작품 가운데 하나가 바로 「사려니 숲」이다. 사려니 숲은 제주시 봉개동 절물오름 남쪽 비자림로榧子林路에서 서귀포시 남원읍 한남리의 사려니오름까지 이어지는 약 15킬로미터의 아름다운 숲길이다. 시인은 오래된 친구들과 함께 이곳을 방문하여 시간을 보내고 있다. "두세 명씩 어울려" 사진을 찍기도 하고 "가끔 방귀 뀐 친구 이야기나/ 아무짝에도 쓸데없는 시시한 이야기를 나누며/ 폭포처럼 웃음을 쏟아놓기"도 하면서 한가롭게 시간을 보내는 모습에서는 일상을 벗어난 여행자만이 누릴 수 있는 여유가 느껴진다. 시인은 이 시의 화자를 1인칭 복수형인 '우리'로 설정하고 있다. 그런데 시인은 '우리'의 숲 방문을 가리켜 "먼 길 걸어 도착한 이곳"이라고 표현한다. 여기에서 '먼 길'은 물리적인 거리, 즉 여정旅程에 국한되지 않는다. 시의 화자를 동질적인 집단인 '우리'로 설정했다는 점을 고려하면 그것은 오랜 삶의 과정을 일정한 나이에 도달한 생에 대한 진술이라고 읽는 것이 타당할 듯하다. 시인은 '숲길'을 "몇 년 만에 만나도 어제 본 듯 잘 통하고/ 무슨 말을 하여도 동티가 안 나는 옛친구" 같다고 표현하고 있지만 이어지는 "단짝 친구의 손을 잡았을 때 느껴지는 굳은살의 단단함/ 단단하게 쌓아 올린 삶의 여정이 내 손끝으로 전해졌다"라는 진술처럼 그것은 '숲길'이 아니라 함께 여행 온 '친구'를 가리키는 것이다. '고양이'의 비유 체계에서 봤듯이 송연숙에게 비유는 추상을 구체화하는 수단만이 아니라 소중한 대상을 간접적인 방식으로 드러내는 장치이다. 이러한 장치로서의 비유가 대상의 성질과 무관하지 않음으로써 수사적인 기능과 존재론적 가치 모두를 함축한다는 점은 흥미롭다.

우리가 이 시에서 '숲길'에 도착한 '우리'에 주목해야 까닭은 "참 고생 많았다, 대단하다/ 서로 고개를 끄덕이며/ 우리는 사려 깊은 나무가 되어 걸었다"라는 진술처럼 시인이 자신의 삶을 긍정하고 있기 때문이다. 6연의 마지막에 등장하는 "우리는 여기까지 걸어온 것이다"라는 진술도 마찬가지이다. 송연숙의 작품들 다수는 잃어버린 대상을 그리워하는 애도의 주체를 등장시키고 있는데, 상실을 앓고 있는 그들의 리비도는 자신이 아니라 일상에 마주치는 대상들을 향하고 있었다. 반면 이 시에서 시인은 자신을 포함한 '우리'의 삶이 '먼 길'을 지나 지금-이곳에 도착했음을 인지하고, 그 삶들에 대해 "참 고생 많았다, 대단하다"라는 격려와 위로의 말을 전한다. 물론 이것이 시 세계의 변화를 가리키는 이정표는 아닐 것이다. 하지만 "정년의 머리카락이"(「봄의 건축가」) 보이는 나이에 이른 시인이 상실한 대상만이 아니라 또 다른 대상을 향해 자신의 리비도를 투사하려는 태도를 보여준다는 것은 그 자체로 실존적인 사건이다. ▨

| 송연숙 |

강원도 춘천 출생. 강원대학교와 동 대학원 석사를 졸업했다. 『시와표현』과 강원일보 신춘문예를 통해 시단에 나왔다. 시집으로 『측백나무 울타리』와 『사람들은 해변에 와서 발자국을 남기고 간다』가 있다. 2023년 제9회 한국서정시문학상을 수상했다. 강원도 인제에서 서화중학교 교장으로 근무하고 있다.

이메일 : purengang@hanmail.net

현대시 기획선 92

**봄의 건축가**

초판 인쇄 · 2023년 10월 10일
초판 발행 · 2023년 10월 20일
지은이 · 송연숙
펴낸이 · 이선희
펴낸곳 · 한국문연
서울 서대문구 증가로29길 12-27, 101호
출판등록 1988년 3월 3일 제3-188호
대표전화 302-2717 | 팩스 · 6442-6053
디지털 현대시 www.koreapoem.co.kr
이메일 koreapoem@hanmail.net


ISBN 978-89-6104-344-1 03810

값 12,000원